à mon ami Alphonse Vagès
souvenir cordial
Jules Bonnassies

LES

# AUTEURS DRAMATIQUES

ET LES

# THÉATRES DE PROVINCE

*aux XVIIe et XVIIIe siècles*

TIRÉ A 112 EXEMPLAIRES

TOUS NUMÉROTÉS

100 sur papier vergé des Vosges,
10 — de chine véritable,
2 sur parchemin,

---

N° 

LES

# AUTEURS DRAMATIQUES

ET LES

# THÉATRES DE PROVINCE

*aux XVII^e^ et XVIII^e^ siècles*

PAR

JULES BONNASSIES

*Ancien attaché à la Direction des Beaux-Arts*

(Bureau des Théâtres)

PARIS

*LÉON WILLEM, ÉDITEUR*

8, RUE DE VERNEUIL, 8

M D CCC LXXV

*A MON AMI*

*FERNAND DE MARESCOT*

# LES AUTEURS DRAMATIQUES

ET LES

# THÉATRES DE PROVINCE

AUX XVII^e^ ET XVIII^e^ SIÈCLES

---

## I

Au xvii^e^ siècle, les comédiens de campagne, quoiqu'ils tirent des théâtres de Paris le fonds de leur répertoire, ont généralement pour compagnon un auteur plus ou moins *disciple de Melpomène et de Thalie*. C'est, d'ailleurs, le plus souvent un des comédiens mêmes. Outre la nouveauté de l'Hôtel ou du Marais, la troupe fait donc honneur aux localités qu'elle visite des productions du génie de son Ragotin. Nous ne possédons aucun renseignement sur les bénéfices que retire le dramaturge, non comédien, de ses ouvrages. Est-ce une part ou deux, comme dans les troupes de la capitale, ou une rétribution une fois payée? Nous inclinons à penser que c'est tout simplement une part dans l'existence commune. Lorsque l'auteur est en même temps acteur, l'emploi de ses talents au profit de la troupe doit être presque toujours le principal motif de son admission et former une clause spéciale dans l'acte de société qu'il signe.

Quant aux pièces que les comédiens de campagne empruntent à ceux de Paris, nous avons dit, autre part[1], qu'elles ne rapportent rien aux auteurs. L'usage est que tous les comédiens jouent ce qui est imprimé. Ceux de Paris achètent donc à un auteur son manuscrit, et ils le gardent tant que la pièce fait de bonnes chambrées, afin de ne pas laisser une troupe rivale s'en emparer et leur faire concurrence. Puis, lorsque l'abaissement des recettes leur prouve que le succès est épuisé, ils rendent à l'auteur ce manuscrit qui ne leur

1. *Les Auteurs dramatiques et la Comédie-Française* (Willem).

est plus utile. Celui-ci, sachant que le manque d'une organisation protectrice des intérêts des auteurs ne lui permet pas de traiter avec les troupes de province, veut, du moins, que son œuvre augmente sa renommée, et, à cet effet, il la livre aux comédiens de tout le royaume en la publiant. Cet usage dure jusqu'à la Révolution.

Lorsqu'ils en sont à vouloir publier leurs pièces, les auteurs les cèdent à un imprimeur. S'il s'agit d'une tragédie lyrique, le compositeur s'arrange avec le parolier, et tous deux cèdent partition et livret à un graveur. Cette cession rend, en fait, sinon en droit, l'imprimeur et le graveur propriétaires des ouvrages qu'ils ont achetés ; ils les vendent aux directeurs de théâtre et aux comédiens. Les auteurs n'ont donc pas de rapports avec les théâtres de province, mais, remarquons-le d'avance, parce qu'aucune loi n'a consacré la propriété littéraire et qu'ils ont la certitude d'être éconduits s'ils s'avisaient de réclamer des droits. Quelques-uns, entre autres Dalayrac et Grétry, viennent quelquefois diriger les répétitions de leurs opéras, et ne manifestent point de velléité d'avoir part aux recettes.

Vers la fin de l'ancien régime, Beaumarchais entreprend de faire cesser un tel abus, et entame, contre les scènes de province, une campagne analogue à celle qu'il a menée contre la Comédie-Française. Quand il donne, à ce théâtre, *le Mariage de Figaro*, en 1784, il ne le fait pas imprimer, en refuse des copies aux directeurs de province qui viennent lui en demander, et leur déclare qu'il ne publiera sa pièce et n'en permettra la représentation en province qu'aux directeurs qui auront contracté, par acte notarié, l'obligation de lui payer, tant à lui qu'à ses confrères vivants, la même rétribution que la Comédie-Française. Refus des directeurs, qui s'arrangent de manière à faire écrire *le Mariage* pendant qu'on le joue à la Comédie, et le publient. Beaumarchais jette les hauts cris ; il va se plaindre aux ministres, qui font la sourde oreille. Il juge inutile de s'adresser aux tribunaux, que *Brid'Oison* dispose mal en sa faveur. Malheureusement pour les directeurs, le texte qu'ils ont obtenu subrepticement et à la volée contient des incorrections. Beaumarchais en profite pour faire dire à grand bruit que sa pièce est défigurée et que le public n'en peut voir que la parodie. Quelques directeurs se décident alors à composer, entre autres ceux de Marseille, de Versailles, de Rouen, d'Orléans, et acceptent les conditions que leur a dictées Beaumarchais; ils signent, par-devant notaire, des actes par lesquels ils s'engagent à payer aux auteurs le septième de la recette. Mais, une fois en possession du véritable texte, ils ne payent rien, quoique Beaumarchais, pour intéresser le public à la cause qu'il soutient, ait d'avance abandonné aux pauvres ce qui doit lui revenir. Ses réclamations laissent impassible le Gouvernement, heureux de voir jouer un mauvais tour au père de *Figaro,* et habitué, d'ailleurs, à soutenir les gens de théâtre contre la raison et le droit. Quelque temps après, Beaumarchais impose le même traité aux directeurs du théâtre de Lyon, en stipulant une représentation au profit d'une fondation charitable dont il s'occupait alors, *les mères qui nourrissent,* et à laquelle, en outre, il abandonne son droit. Les directeurs s'empressent de ne pas donner la représentation pour les mères; puis ils jouent la pièce sans envoyer un sol à l'auteur.

Nous avons explicitement raconté, dans l'ouvrage que nous citons plus haut, comment, sous la bannière du tenace auteur du *Bar-*

*bier,* les auteurs dramatiques parvinrent, en 1791, à faire reconnaître par l'Assemblée la propriété littéraire, — la Révolution devait bien cela aux auteurs dramatiques, qui avaient été des plus actifs à la préparer, — et comment ils obtinrent des théâtres de Paris qu'ils se soumissent à la loi et aux conditions qu'elle permettait aux écrivains de poser aux entrepreneurs. Nous ne reviendrons pas sur ce qui a trait, dans l'historique de ces démêlés, à la Comédie, ni sur les réclamations générales des auteurs et de leurs avocats; nous n'insisterons que sur ce qui concerne les théâtres de province.

Pendant le fort de la lutte, en 1790, nous voyons publier un écrit inspiré visiblement par la Comédie-Française et intitulé *Justification des Comédiens Français. Opinion sur les chefs-d'œuvre des auteurs morts, et projet de décret portant réglement entre les auteurs dramatiques et tous les comédiens du royaume,* qui nous apprend l'importance relative des théâtres de province à ce moment. On va la voir dans les deux articles du projet de décret qui regardent plus particulièrement les scènes de province :

Art. iv. Ne pourront les grands théâtres des villes de Bordeaux, Lyon et Marseille, sous peine de 3000 liv. d'amende applicable aux pauvres, jouer aucune pièce nouvelle, à compter de la date des présentes, que du consentement de l'auteur ou ses ayans-causes, qui ne pourront refuser, moyennant une rétribution de 200 liv., pour les opéras de l'Académie royale de musique, en 3, 4 ou 5 actes, et 100 liv. pour ceux en 1 et 2 actes; et pour les tragédies et comédies en 4 ou 5 actes, 200 liv.; pour 3 actes, 120 liv.; et pour 1 et 2 actes, 72 liv.; et pour les opéras comiques et bouffons, ou comédies à ariettes, 200 liv. pour 3, 4 et 5 actes; 100 liv. pour ceux en 1 et 2 actes; le tout une fois payé. Les villes de Toulouse, Montpellier, Aix, Strasbourg, Lille, Nancy, Metz, Dunkerque, Rouen, Nantes et La Rochelle, ne paieront que la moitié des prix ci-dessus énoncés. Toutes les autres villes du royaume pourront jouer toutes les pièces, sans permission d'auteur, ni rétribution quelconque. N'entend l'Assemblée nationale rien innover aux anciens usages, pour ce qui regarde les partitions de musique.

Art. v. Tout auteur qui aura fait jouer une pièce en 3, 4 ou 5 actes, avec ou sans succès, jouira personnellement, pour toute sa vie, des entrées libres au parquet ou amphithéâtre dudit spectacle, non-seulement dans la capitale, mais dans toutes les villes du royaume où sa pièce aura été jouée.

Les réclamations des intéressés aboutirent, on le sait, à faire voter par l'Assemblée la loi des 13-19 janvier 1791, qui, indépendamment de la liberté industrielle des théâtres et de l'abolition de la censure, décréta :

Art. 2. Les ouvrages des auteurs morts depuis cinq ans et plus sont une propriété publique, et peuvent, nonobstant tous anciens priviléges, qui sont abolis, être représentés sur tous les théâtres indistinctement.

Art. 3. Les ouvrages des auteurs vivans ne pourront être représentés sur aucun théâtre public, dans toute l'étendue de la France, sans le consentement formel et par écrit des auteurs, sous peine de confiscation du produit total des représentations au profit des auteurs.

Art. 4. La disposition de l'art. 3 s'applique aux ouvrages déjà représentés, quels que soient les anciens réglemens : néanmoins les actes qui auraient été passés entre des comédiens et des auteurs vivans, ou des auteurs morts depuis moins de cinq ans, seront exécutés.

Art. 5. Les héritiers, ou les cessionnaires des auteurs, seront propriétaires de leurs ouvrages, durant l'espace de cinq années après la mort de l'auteur.

Immédiatement, les auteurs dramatiques se constituent en société, afin de pouvoir veiller à l'exécution de la loi et formuler, d'un commun accord, leurs prétentions. Ils décident qu'ils se soumettront eux-mêmes et qu'ils soumettront tous les théâtres de France au régime de l'égalité, et conviennent d'exiger des scènes de province, comme de celles de Paris, le septième de la recette pour les pièces en cinq ou quatre actes, le dixième pour celles en trois, le quatorzième pour celles en deux ou en un [1]; que cette rétribution sera prise

1. Une brochure, dont nous parlerons plus bas, écrite, à cette époque, par les directeurs du théâtre de Marseille, porte que les auteurs fixèrent ainsi la rétribution qui leur serait due : le huitième pour les pièces parlées en 5 ou 4 actes, le onzième pour celles en trois, le seizième pour celles en deux ou en un; le neuvième pour les pièces en musique en trois actes ou plus, le douzième pour celles en deux, le quinzième pour celles en un. Le même document prétend aussi que les auteurs autorisèrent leur agent général à traiter avec les théâtres, moyennant des sommes proportionnées à leurs recettes annuelles, parce qu'ils s'aperçurent que ce système leur serait plus avantageux. Hâtons-nous de dire que ce sont des intéressés qui parlent et que, d'ordinaire, ils ne se font pas faute de dénaturer les faits. Peut-être, néanmoins, ces clauses furent-elles l'objet des premières délibérations des auteurs, peut-être ne les imposè-

sur les recettes de la porte, les loges louées à l'année et les abonnements, après déduction des frais journaliers ordinaires et y compris les frais extraordinaires. Dans le compte qu'ils établissent des frais journaliers, ils ne veulent accepter, comme articles invariables, que le loyer, la garde, le luminaire, le chauffage, l'abonnement avec les Hôpitaux (la question du maintien de l'impôt était alors pendante), les employés, les affiches et imprimés, et le service pour les incendies; mais ils rejettent les appointements des comédiens, des chanteurs, des danseurs, des musiciens et les pensions.

En outre, ils prennent pour délégué, sous le nom d'agent général du Bureau Dramatique, Framery, un des écrivains qui avaient le plus ardemment combattu pour leur cause. Ce dernier établit aussitôt, dans toutes les villes, un correspondant qu'il charge de relever les représentations et d'inspecter les livres de comptabilité des théâtres.

Les directeurs, dès le vote de la loi, étaient

---

rent-ils qu'à quelques petits théâtres. En tous cas, il n'en fut pas longtemps question.

entrés en fureur. Ils se seraient encore résignés à payer désormais aux auteurs ce qu'auraient exigé ceux-ci pour les pièces à venir, mais ils ne pouvaient sans dépit voir leur échapper un répertoire qu'ils s'étaient habitués à considérer comme leur propriété, sur lequel ils auraient pu vivre longtemps encore sans rien acquitter, et qui les aurait aidés à tenir la dragée haute aux écrivains, lorsque ces derniers viendraient leur présenter de nouvelles œuvres. Ce qui ne les exaspérait pas moins, c'était de les voir se liguer et s'organiser de manière à pouvoir, grâce aux avantages de l'association, tenir la main à ce que la loi reçût une sanction. Néanmoins, sachant combien est fort auprès de l'Administration celui qui dispose d'une salle de théâtre, ils se préparent à résister. Ils lancent, dans tous les théâtres, une circulaire prêchant la révolte. Ils espèrent lasser les auteurs et tromper leur surveillance. Mais les mains dans lesquelles se trouvent les intérêts de ces derniers sont trop énergiques pour ne pas garder ce qu'elles ont su conquérir. Un exemple, d'ailleurs, va édifier les auteurs sur l'opportunité de leur alliance et sur la nécessité de la maintenir. Quelques auteurs s'avisent de réclamer indi-

3

viduellement contre les directeurs insurgés : ils ne sont point écoutés des tribunaux. Les magistrats de l'ancien régime, encore nombreux en place, agissaient ainsi par haine contre tout ce qui provenait de la Révolution; ceux qui étaient parvenus sous le nouvel ordre de choses sortaient de cette bourgeoisie de 89, si prompte à imiter l'aristocratie dans ses agissements autoritaires et dans son amour des abus. L'un, raconte Beaumarchais dans un de ses écrits, refusa l'audience; d'autres répondirent qu'il fallait attendre l'effet des réclamations des directeurs auprès de l'Assemblée. Les gens qui connaissent le théâtre aperçoivent tout de suite, dans la complicité de ces juges qui dénient la justice, l'effet ordinaire de la corruption par l'actrice et par le billet de faveur.

En même temps, les directeurs se disposaient à entamer une campagne auprès du public et de l'Assemblée. La première publication qui a lieu est celle de la *Pétition présentée à l'Assemblée Nationale par les directeurs et entrepreneurs du théâtre de Marseille contre la corporation des auteurs dramatiques et lyriques*. Cette brochure, comme toutes celles dont nous allons parler et celles que publia la Comédie-Française, accuse les auteurs, afin de les compromettre, de former une corporation, genre d'association que l'Assemblée venait récemment d'interdire. Elle déclame contre la prétendue rétroactivité de la loi et contre l'avidité des auteurs contemporains. Elle tâche surtout de prouver que la loi des 13-19 janvier ne s'applique qu'aux théâtres de Paris, dont elle a simplement voulu abolir les priviléges. Bref, cette brochure n'est qu'une longue divagation.

A ces attaques succède une riposte vigoureuse. Les auteurs provoquent la loi des 19 juillet-6 août 1791, qui confirme la première en appuyant sur quelques-unes de ses dispositions et crée même un nouvel avantage en faveur des écrivains. La voici :

L'Assemblée Nationale, considérant que la loi des 16-24 août 1790 n'était que provisoire, et que la loi des 13-19 janvier dernier contient des dispositions générales, qui seules doivent être exécutées dans tout l'empire français, décrète, sur l'art. 1er du projet du Comité, qu'il n'y a pas lieu à délibérer [1].

---

1. Dans la séance du soir du 19, le Comité de Con-

Art. 1. Conformément aux dispositions des articles 3 et 4 du décret du 13 janvier dernier, concernant les spectacles, les ouvrages des auteurs vivans, même ceux qui étaient représentés avant cette époque, soit qu'ils fussent ou non gravés ou imprimés, ne pourront être représentés sur aucun théâtre public, dans toute l'étendue du royaume, sans le consentement formel et par écrit des auteurs, ou sans celui de leurs héritiers ou cessionnaires pour les ouvrages des auteurs morts depuis moins de cinq ans, sous peine de confiscation du produit total des représentations au profit de l'auteur ou de ses héritiers ou cessionnaires.

Art. 2. La convention entre les auteurs et les entrepreneurs de spectacles sera parfaitement libre, et les officiers municipaux, ni aucun autre fonctionnaire public, ne pourront taxer lesdits ouvrages, ni modérer ou augmenter le prix convenu ; et la rétribution des auteurs, convenue entre eux ou leurs ayants-cause et les entrepreneurs de spectacles, ne pourra être saisie ni arrêtée par les créanciers des entrepreneurs de spectacles.

Cependant Framery, qui a reçu des ordres

---

stitution avait présenté trois articles dont le premier maintenait les anciens priviléges.

précis pour tenir la main à l'exécution des décisions du *Bureau,* venait de faire imprimer, à l'usage des directeurs, un modèle d'engagement ainsi conçu :

Je soussigné, directeur du spectacle dans la ville de..... m'engage à compter, tous les jours, avec M..., *correspondant* du BUREAU DRAMATIQUE de Paris, des honoraires dus AUX AUTEURS suivant le taux du présent tarif pour toutes les pièces contenues dans la liste ci-dessus, dont j'ai le double, en n'exceptant que celles pour lesquelles les auteurs m'ont donné *leur consentement particulier,* dont je serais tenu de fournir copie ; le présent engagement ne pouvant valoir que jusqu'à la clôture des spectacles à Pâques 1792 ; sauf à être renouvelé, s'il y a lieu. Fait à....

On voit que les auteurs ne signent, pour le moment, l'engagement que pour une année : ils désiraient faire un essai.

Les directeurs ne se tiennent pas pour battus, même après la loi des 19 juillet-6 août. Ils refusent de payer, sous prétexte qu'ils vont obtenir le retrait des deux lois en ce qui touche l'obligation de payer le droit pour les pièces antérieures à janvier 1791. Framery fait saisir les recettes des trois ou quatre plus récalcitrants. Il publie également une brochure que nous voyons mentionner au cours de cette polémique, mais que nous n'avons pu nous procurer et dont le titre même nous échappe.

Les directeurs, sachant qu'en ce beau pays de France, celui qui crie le plus fort est toujours le mieux écouté, et qu'une sottise redite avec aplomb et persistance triomphe à coup sûr du bon sens et du droit, se préparent à faire, ou plutôt, comme on va s'en convaincre, à simuler, dans la presse, une croisade de toute la gent théâtrale contre les lois et contre les auteurs. Leurs deux grands chevaux de bataille seront, ainsi que dans la réclamation des directeurs de Marseille : la loi est rétroactive ; la société des auteurs est une corporation et, à ce titre, inconstitutionnelle. Tel sera le fond de toutes les brochures qu'ils vont publier.

La première est la *Dénonciation de la corporation des auteurs dramatiques* (1791), par un certain Flachat, ancien procureur, qui signe : *intéressé à l'entreprise des spectacles de Lyon.*

Gudin (de la Brenellerie) y répond par l'*Observation sur la Dénonciation*, etc. Il retourne contre les comédiens, et avec aussi peu de justice, le reproche de coalition que Flachat, en leur nom, faisait aux auteurs. Il est plus heureux en déclarant que c'est pour déjouer les calculs perfides des directeurs et des sociétés d'acteurs, que les auteurs ont, d'une manière très-légale, donné isolément leurs pouvoirs à un même agent. Il compare, en terminant, son adversaire à cet Arabe qui alla se plaindre au cadi que les pèlerins se réunissent en caravanes, ce qui empêchait les hordes du désert de les détrousser.

La réplique ne se fait pas attendre, et s'ensuivent aussitôt les *Observations du sieur Flachat, fondé de pouvoirs de différens spectacles de province, sur l'Observation du sieur Gudin, imprimée au nom de la corporation des auteurs dramatiques*. Cette dernière incidente était une fausseté : (Gudin n'avait écrit qu'en son nom); mais son antagoniste l'employait comme transition pour reprendre l'accusation habituelle. Chemin faisant, Flachat réfute, à son tour, le reproche analogue fait par Gudin, et, ayant, cette fois, raison, il a de l'esprit. C'est aussi pour ce motif qu'il reproduit l'*Observation* de Gudin à la fin de la sienne.

Le feu des brochures réclamant contre les deux lois continue. C'est d'abord un *Mémoire pour les comédiens du spectacle de Lyon contre les auteurs dramatiques* (1791), non signé, mais dont le style et l'argumentation accusent l'auteur de la *Dénonciation*. Une preuve encore : les deux imprimés, ainsi qu'un autre dont il sera parlé plus bas et qui est signé de Flachat, portent la même tête de page; donc ils proviennent de la même imprimerie et très-probablement de la même main. Flachat, en outre des reproches à l'ordre du jour, accuse les auteurs d'avoir surpris la religion du Comité de Constitution et de l'avoir poussé à admettre leurs réclamations sans consulter les directeurs ni les comédiens de province. Il déclare que les directeurs veulent traiter avec chaque auteur individuellement. Rappelant la vente que, avant la Révolution, les auteurs faisaient de leurs pièces aux imprimeurs et aux graveurs, il en conclut qu'ils avaient abandonné leur propriété, car ces marchés n'avaient jamais été conditionnels. Il discute un à un tous les arguments de la brochure de Framery dont nous avons parlé. Il insiste principalement sur les charges des directeurs de province, qui rendent leur situation intenable, même sans les nouvelles exigences des auteurs. Ces directeurs, dit-il, sont obligés de réunir tous les genres, et, malgré cette source apparente de succès, ils ne réussissent point. Le théâtre de Bordeaux est en faillite; celui de Lyon perd, depuis deux ou trois ans, 80,000 liv. par an; celui de Marseille ne parvient à se soutenir que par les sacrifices énormes consentis par les actionnaires. Il termine en faisant remarquer bien haut que Colin (d'Harleville), Desfaucherets, Fabre d'Églantine et Collot d'Herbois ne sont pas entrés dans la coalition des auteurs.

Presque en même temps paraît la *Pétition à l'Assemblée Nationale présentée par les comédiens des spectacles de Lyon, Marseille, Rouen, Nantes, Brest, Toulouse, Montpellier, Strasbourg, Lille, Metz, Dunkerque, Genève, Orléans et Grenoble* (1791), rédigée par Flachat, qui la signe et s'intitule *fondé de pouvoirs de toutes les troupes suivant les actes déposés en l'étude de M^e^ Dufouleur, notaire à Paris,* afin d'éviter, lui aussi, dans la forme, le reproche de coalition qu'il a lancé contre les auteurs et que Gudin lui a retourné. Ce n'étaient pas, ainsi que le dirent les auteurs dans leur réponse, les comédiens de ces théâ-

4

tres — sauf sept ou huit de Lyon, associés pour diriger le théâtre de la ville, dont ils étaient véritablement les directeurs — qui avaient signé cette pétition : c'en étaient les directeurs mêmes. Ils n'avaient pris le titre de comédiens que pour augmenter virtuellement le nombre des réclamants et pouvoir s'écrier que les deux lois frappaient dix mille citoyens sans qu'ils eussent été consultés. Les soi-disant comédiens, après avoir répété les arguments des publications précédentes, demandent aux députés de les convoquer pour un débat contradictoire et d'enlever des lois ce qui leur donne un effet rétroactif, c'est-à-dire de permettre aux théâtres de représenter, sans acquitter de rétribution, les pièces données avant janvier 1791. Ils menacent enfin les auteurs qui exigeront le droit de ne plus jouer leurs œuvres.

Les auteurs répliquent à cette pétition par la *Réponse des auteurs soussignés* (ils sont trente-quatre, plus Framery) *à la Pétition présentée à l'Assemblée Nationale par des directeurs de spectacle* (1791). Framery, qui est sans doute l'auteur de ce travail, signe, pour répondre à Flachat dans sa langue et déjouer sa tactique : *fondé de procuration de divers auteurs dramatiques, suivant les actes dressés en l'étude de Me Rouen, notaire à Paris.* Il réfute, point par point, son adversaire [1].

---

1. Les auteurs ont encore, à ce moment, une bataille accessoire à livrer. Le théâtre Feydeau avait donné une traduction italienne d'un ouvrage, nous ignorons lequel, d'un auteur français. La société publie aussitôt une *Pétition adressée à l'Assemblée Nationale par les auteurs dramatiques sur la représentation, en France, des pièces françaises traduites en langue étrangère* (l'imprimé est daté du 17 septembre 1791). Qu'on fasse jouer en Italie, disent en résumé les signataires (ils sont quarante-trois), une traduction italienne d'une pièce française, l'auteur français, dont elle répand le nom et fait connaître, en pays étranger, le talent, ne peut que le trouver bien; mais qu'on la fasse jouer en France, sans sa permission et sans lui payer un droit, c'est le voler. (Depuis lors, la société, et avec raison, n'a même plus admis cette latitude.) Les auteurs de la pétition demandent donc à l'Assemblée que nul ne puisse donner, sur un théâtre de France, une pièce d'un auteur français vivant, traduite en langue étrangère, sans sa permission formelle ou par écrit, ou celle de son cessionnaire ou héritier, à peine de confiscation, à leur profit, de la recette et de 100 liv. d'amende applicable aux pauvres de la paroisse pour chaque représentation; que, les ouvrages dramatiques mis en musique et restés au théâtre étant la propriété de deux auteurs, nul n'en puisse mettre les paroles sur une autre musique, ni la musique sur d'autres paroles, ni les faire représenter, sur aucun théâtre de France, sans le consente-

Nous allons résumer le pour et le contre de la question, sans traiter du principe même, point sur lequel nous nous sommes expliqué déjà.

— Le Bureau Dramatique, disent les directeurs, est une corporation et, à ce titre, inconstitutionnel.

Non, répondent les auteurs; ce qui distingue les corporations des sociétés licites, et ce qui les a fait abolir, c'est qu'elles sont privilégiées et coercitives. Telle n'est pas notre société. Nous n'obligeons personne. Nous agissons individuellement pour la défense des droits que nous a reconnus la loi, et, ce qu'elle admet parfaitement, confions chacun nos pouvoirs à un mandataire chargé de nous représenter tous.

---

ment formel et par écrit des deux auteurs ou de leurs héritiers ou ayant-cause, qu'après, conformément à la loi des 13-19 janvier 1791, cinq ans expirés à compter du jour de la mort du dernier vivant, sous peine de confiscation, à leur profit, de l'ouvrage, et, s'il a été joué, de la recette, et de 100 liv. d'amende, pour chaque représentation, au profit des pauvres de la paroisse sur laquelle la contravention aura eu lieu. — L'affaire en resta là, soit que les théâtres n'aient pas fourni l'occasion de la poursuivre, soit que les auteurs et l'Assemblée aient compris tout de suite que les termes de la loi suffisaient à la résoudre.

— Les lois que vous avez obtenues ont un effet rétroactif et résilient les traités consentis avant leur vote.

Nullement. Elles n'auraient un effet rétroactif que si elles vous forçaient à payer le droit sur les représentations antérieures. Loin de là ! elles ne vous obligent que pour les représentations à venir. Quant à des traités, en général nous n'en avons pas consenti. Il en a été signé quelques-uns, que l'art. 4 de la loi des 13-19 janvier respecte. Ce que vous appelez traités n'est autre chose que notre consentement tacite et forcé à des usages qui violaient le droit naturel, et que nous subissions, sous l'ancien régime, faute de les pouvoir abolir; consentement que ce même article 4 ne reconnaît pas valable.

Les auteurs pouvaient ajouter : Les recettes d'un ouvrage sont toujours présumées en compenser les frais. Si vous vous refusez à admettre cet équilibre pour les représentations données jusqu'à janvier 1791, remettons toutes choses en leur premier état : nous allons vous rembourser les frais que vous avez faits pour nos pièces; vous, vous nous donnerez les recettes qu'elles vous ont procurées. Désormais, elles seront pour vous comme des pièces nouvelles, et, si vous voulez les jouer, vous aurez à subir nos prétentions, que vous-mêmes reconnaissez légitimes à l'égard de ceux de nos ouvrages écrits postérieurement à la loi. Quelle réponse les directeurs auraient-ils pu faire à ce raisonnement?

— Nous ne voulons traiter qu'avec chacun de vous individuellement.

Nous ne nous laisserons pas prendre à ce piége. L'association est le seul système qui nous permette de profiter de l'action bienfaisante de la loi. Isolés, nous serions forcés d'avoir chacun, dans toutes les villes, un mandataire qui vous surveillât, et les frais de cette surveillance multiple absorberaient nos bénéfices. Unis, au contraire, nous n'avons, pour nous tous, qu'un même agent. En outre, pris isolément, nous serions à votre merci pour les traités, que la misère nous obligerait de consentir au rabais, et dont même, tels quels, vous vous dispenseriez impunément d'exécuter les clauses.

— En vendant vos pièces et vos partitions aux imprimeurs, libraires et graveurs, vous en avez abandonné la propriété. Jamais les marchés que vous avez passés avec eux n'ont été conditionnels.

Nous ne leur avons jamais cédé que l'avantage que nous aurions retiré nous-mêmes de l'impression et de la gravure, et nous ne pouvions leur céder que cela. Ils étaient et sont nos cessionnaires pour les bénéfices d'impression, non de représentation. Ils sont à nos droits pour poursuivre les contrefacteurs, ils n'y sont pas pour traiter avec les théâtres. Nous ne leur avons garanti qu'une chose : c'est que nous ne vendrions pas à d'autres imprimeurs et graveurs le droit que nous leur cédions pour l'impression et la gravure. A votre compte, ils pourraient vous attaquer devant les tribunaux comme coupables de contrefaçon [1] ! Quant aux marchés que nous

---

1. « Quel droit l'imprimeur ou le graveur acquiert-il, dit Quatremère dans un écrit que nous citons plus loin ? Celui que l'auteur a vendu. Quel droit celui-ci a-t-il vendu ? Le droit de copier son manuscrit et d'en débiter les copies. Celui qui achète un exemplaire n'achète pas le droit d'en faire tout ce qu'il seroit possible d'en faire ; par exemple, il n'achète pas le droit de le *réimprimer*. Car il ne se trouveroit plus personne qui voulût faire les avances d'une impression, si, pour le prix d'un exemplaire, de l'Encyclopédie, par exemple, il était possible d'acquérir le droit d'en ruiner l'imprimeur. Le droit qu'achète le particulier est celui de lire ou de revendre son exemplaire. La propriété qu'il acquiert est moins celle de l'ou-

avons passés avec eux, en effet, ils n'ont jamais été conditionnels. Mais pourquoi ? Parce que, d'abord, nous n'avions pas à leur défendre de traiter avec vous, puisqu'ils n'en ont pas le droit, et que, le leur eussions-nous reconnu d'ailleurs, nous ne prévoyions pas le jour qui mettrait un terme à notre spoliation. Encore une fois, nous avons subi, sous l'ancien régime, ce que nous ne pouvions empêcher. Mais de ce que nous n'avons pas songé à réclamer, ne le pouvant pas, s'ensuit-il que nous ne le devions pas, aussitôt que nous l'avons pu ? Au surplus, ne sommes-nous pas libres de retirer de nos œuvres plus qu'elles ne nous ont rapporté jusqu'à présent, puisque la loi nous y autorise ? La preuve, du reste, que le prix que nous recevions des libraires et graveurs n'était pas une rémunération moralement suffisante, c'est que, désormais, nous continuerons à leur vendre nos pièces nouvelles, que vous continuerez à les leur acheter,

---

vrage que celle de l'exemplaire. Il a acquis le droit d'user ou d'abuser de celui-ci, c'est-à-dire de le lire ou de le jeter au feu ; il a acquis le droit d'en orner son esprit ou d'en égayer sa critique, mais non d'user et d'abuser de l'ouvrage, qu'il n'a point acquis sous le rapport générique et commercial dont on a parlé. »

et que, en outre, vous nous payerez un droit contre lequel vous ne tempêtez qu'au sujet des œuvres anciennes.

— La preuve que vos exigences sont excessives, c'est que, même sans vous payer un droit, nous pouvons à peine nous soutenir.

Il y a eu d'autres causes à votre gêne, c'étaient les charges que vous imposaient les autorités ; aujourd'hui c'est votre mauvaise gestion qui la motive.

Les auteurs auraient pu ajouter : si les théâtres font continuellement de mauvaises affaires, c'est qu'ils sont trop nombreux, et alors pourquoi en entreprenez-vous ? Quand l'offre est supérieure à la demande, c'est qu'elle est inutile. Les industriels qui périclitent ont-ils jamais eu le droit d'exiger une détaxe des fournisseurs de matières premières ? D'ailleurs, vous savez parfaitement profiter des bénéfices que vous a valus le nouvel état de choses en vous déchargeant d'une foule de rétributions arbitraires, et vous n'avez pas à vous plaindre du régime de la liberté.

En somme, les directeurs, hommes pratiques comme tous les gens de théâtre, voyaient bien que le seul côté de la loi sur lequel ils avaient chance de faire revenir l'Assemblée, était l'acquittement du droit sur le répertoire, parce que c'était le seul qu'on pût combattre avec l'apparence de la raison. Ils ne plaidaient le plus que pour obtenir le moins, et ils étaient même obligés de convenir que l'établissement du droit sur les ouvrages nouveaux était juste.

Bien que nous ayons évité de parler du principe de la question, afin de ne pas nous répéter, nous signalerons toutefois un argument spécieux qui fut émis dans la discussion et qu'il est à propos de réfuter.

Dans une de ses brochures, Flachat dit :

Supposons qu'un riche amateur, M. de Beaumarchais, par exemple, après avoir fait une collection nombreuse de tableaux et de statues des grands maîtres, eût la fantaisie de spéculer sur la curiosité du public, et ne permît l'entrée de sa galerie que moyennant de l'argent (car une spéculation sur ce genre de curiosité est possible comme celle des comédiens sur le goût du théâtre, et si elle ne se fait pas de même, c'est qu'elle ne seroit pas fort lucrative). Dans cette hypothèse donc, que diroit M. de Beaumarchais, si MM. *David, Vincent*, si MM. *Pajou, Houdon,*

*Julien,* venoient revendiquer dans sa caisse le septième, le dixième de ses bénéfices? « Messieurs, répondroit-il, votre gloire est à vous, mais votre ouvrage est à moi; vous êtes payés, que me demandez-vous? Une fois propriétaire de votre tableau, c'est à moi d'en tirer le parti qu'il me plaît; il me procure deux plaisirs, celui de le voir et celui de gagner en le faisant voir aux autres; il n'est écrit nulle part qu'un peintre ait la dîme sur les tableaux qui appartiennent à autrui, et il est écrit partout que chacun est maître chez soi; allez jouir chez vous du privilége. »

Tel seroit à peu près le langage que tiendroit M. de Beaumarchais, et ce langage seroit très-concluant.

Qu'il permette donc aux comédiens de le lui tenir aussi.

Mais il y a encore plus ici, et indépendamment du droit en lui-même, les comédiens ont cet argument de plus à faire au peintre dramatique :

« Non-seulement vous aviez vendu votre tableau; mais vous aviez consenti que l'amateur, qui l'a acheté du marchand, l'exposât dans sa galerie; vous y êtes venu vous-même, et, loin de prétendre qu'on devoit retirer ce tableau, vous l'avez replacé de votre main; vous avez choisi le point de vue; vous avez vu le concours des curieux et vous vous êtes contenté d'en jouir; vous avez vu ma recette et vous n'y avez rien revendiqué; comment voulez-vous aujourd'hui vous créer un droit auquel vous même vous avez renoncé ? »

A ce raisonnement Beaumarchais aurait pu répondre :

C'est une pétition de principe que d'assimiler l'exploitation d'un tableau à l'exploitation d'une comédie : la question est précisément de savoir si elles sont assimilables. Il y a, entre l'œuvre d'art et la pièce de théâtre, une différence essentielle : l'une, de sa nature, ne s'adresse qu'à un consommateur; l'autre s'adresse à deux. Ces deux consommateurs, à la vérité, sont le plus souvent une seule et même personne, mais cette personne jouit à deux titres différents.

Un tableau est un objet, un meuble que d'ordinaire j'achète pour orner mon salon, pour le contempler, moi et les miens, pour le montrer à mes amis, et non pour le faire voir moyennant rétribution. La pièce, au contraire, n'a guère de valeur vénale par elle-même, ou, du moins, celle qu'elle a, comme *œuvre à lire*, l'assimile au tableau et provoque un marché analogue, indépendant de celui qu'elle doit provoquer comme *œuvre à jouer*. Bref, le tableau est un objet qui peut s'exploiter, mais qui ne s'exploite jamais et dont je reste le propriétaire définitif, parce que l'intérêt même du peintre et la prévision naturelle des faits, ainsi que je vais le prouver, empêchent que je n'en sois constitué que le locataire; l'œuvre dramatique est un objet qui s'exploite toujours, dont vous, directeur de théâtre, n'êtes et n'avez besoin d'être locataire qu'autant que vous l'exploitez, et dont la jouissance cesse avec l'exploitation, pour passer, s'il y a lieu, à un autre locataire. Et alors, dès que, grâce à moi, il entre de l'argent dans votre caisse, pourquoi, grâce à vous, n'en entrerait-il pas dans la mienne?

Toutefois, bien que, en général, on n'achète pas une galerie de tableaux dans le but de la montrer pour de l'argent, le cas étant possible, admettons-le.

Eh bien, la vente idéale étant celle qui proportionne le bénéfice du fabricant à la valeur de l'objet fabriqué, il serait théoriquement juste que David, Houdon, etc., pussent, comme tous les autres fabricants, réclamer un droit proportionnel sur l'exploitation de leurs œuvres. La loi permet tous les genres de conventions, et, pour le tableau, elle autorise la vente à forfait, de même qu'elle ne l'interdit pas pour la pièce de théâtre. La latitude qu'elle donne n'a pour but que de laisser aux parties contractantes le choix du mode qui est le mieux approprié à leurs moyens respectifs d'évaluation et de contrôle. Mais, ainsi que je vous l'ai déjà fait observer, je suis censé ne jamais devoir me livrer à l'exploitation des tableaux, c'est pourquoi les peintres, en me les cédant, me les ont vendus à forfait, au lieu de stipuler un droit proportionnel, le forfait n'étant qu'un pis-aller qu'on choisit à défaut d'un moyen d'évaluation exact. Si, maintenant que j'exploite ma galerie, ces artistes venaient me réclamer le droit proportionnel, il faudrait, au préalable, qu'ils annulassent, en admettant que j'y consentisse, le premier traité et me rendissent les sommes que je leur ai payées au moment de la vente à forfait. En supposant, d'ailleurs, que, en prévision d'une exploitation, nous ayons, eux et moi, adopté le système du droit proportionnel, nous faisions de la sorte un traité tout particulier, qui ne me rendait pas propriétaire, mais locataire des tableaux, et alors les artistes n'obtenaient pas de moi le bénéfice de la vente à forfait. Encore une fois, les lois autorisent ce mode d'arrangement, et si les peintres ne l'adoptent pas, c'est parce qu'il ne leur offre pas la moindre garantie de contrôle, chaque peintre ou même tous les peintres réunis en société ne pouvant établir un agent dans le domicile de tous les amateurs qui achètent une toile. De cette impossibilité résulte l'habitude de la vente à forfait, qui n'est que le payement anticipé des bénéfices présumés auxquels les peintres ont moralement droit.

Mais cette impossibilité n'existe pas dans les théâtres, lieux publics, constitués exclusivement en vue de l'exploitation, et dont le nombre est assez limité pour que les auteurs y puissent exercer une surveillance. La vente idéale dont je parlais tout à l'heure peut donc s'y faire, et c'est même le mode que tous, directeurs et auteurs, ont intérêt à choisir, puisque c'est celui qui constate le plus exactement la valeur réelle de l'objet, valeur que, au lieu de la préjuger, il constate au fur et à mesure de la consommation.

J'ai dit que le peintre, venant réclamer un droit proportionnel sur l'exploitation de ses œuvres après qu'il me les a vendues, devrait préalablement me rendre les sommes que je lui ai versées. Accepteriez-vous, de même, ces conventions, messieurs les directeurs de province ? Vous ne le pourriez ; car, en premier lieu, n'ayant fait avec vous aucun traité à forfait, n'ayant reçu de vous aucune somme, je n'ai pas à vous en rendre ; puis, quand même vous m'en auriez payé, vous ne me les rendriez pas davantage, car vous pouvez encore moins vous passer de mes pièces, sans lesquelles vous vous trouveriez sans profession, que moi de votre argent. Vous ne m'avez jamais rien payé : ceci me ramène à la seconde partie de votre argumentation, dont la fausseté est évidente. En effet, si le peintre a aussi formellement que nécessairement abandonné son droit en vendant son œuvre à forfait, moi, auteur dramatique, je n'ai jamais abandonné le mien. J'ai, je le répète, simplement subi la spoliation tant que je n'ai pu m'y opposer. Aujourd'hui qu'un régime équitable succède au régime de l'arbitraire, je fais valoir mes droits. Cette prétention d'être propriétaire de mes ouvrages aurait, à la rigueur, une ombre de raison de la part des Comédiens-Français, qui, eux du moins, m'en ont rémunéré quelque temps. Mais, chez vous, directeurs de province, qui ne m'avez rien payé, n'est-elle pas inqualifiable ? Quoi ! vous ne m'avez jamais donné un sol, et vous voulez rester propriétaire de mes œuvres et les exploiter? Vous n'en êtes pas même un tantinet l'acheteur, et vous me défendez de les reprendre ou de vous les faire payer!

# II

A LA fin de 1791, nous trouvons une *Réponse de M. d'Alayrac à MM. les directeurs de spectacles réclamant contre deux décrets de l'Assemblée Nationale de 1789, lue au Comité de l'Instruction publique le 26 décembre 1791.* C'est dans un catalogue que nous rencontrons ce document ; nous n'avons pu nous le procurer. Il doit avoir trait à quelque point spécial de la propriété des œuvres de musique, et nous doutons qu'il présente des arguments nouveaux.

A la même époque, paraissait une *Pétition à l'Assemblée Nationale par Pierre Augustin*

*Caron Beaumarchais contre l'usurpation des propriétés des auteurs par des directeurs de spectacles lue au Comité d'Institution* (sic) *publique le 23 décembre 1791*. Le titre et la forme de ce travail sont fictifs, et la prétendue pétition n'est, pour l'auteur, que l'occasion de résumer les plaidoyers des auteurs dramatiques et de leurs adversaires. Beaumarchais la signe seul, pour échapper encore une fois au reproche de coalition. Cette brochure est écrite avec le bon sens accablant et l'étincelante verve qu'il apporta dans toutes celles qu'il écrivit sur la question. Beaumarchais commence à y demander qu'on recule au delà de cinq années le moment de la chute des ouvrages dans le domaine public. En effet, les directeurs pouvaient très-bien éluder l'intention généreuse du législateur en attendant ces quelques années avant de reprendre les pièces.

Cependant les directeurs se calment. Comprenant qu'ils n'ont rien à attendre sous l'empire des idées qui ont prévalu en 1791, ils cessent même de poursuivre, à l'Assemblée, la mise à l'ordre du jour du rapport qui a été fait sur leurs réclamations, quoiqu'il ait été approuvé par le Comité de l'Instruction publique de l'Assemblée Législative. Mais la chute de la royauté, le 10 août 1792, leur rend confiance. A partir de ce moment, grâce au courant d'idées plus accentuées qui se manifeste, ils conçoivent l'espoir de faire passer les lois de 1791, si libérales et si justes, pour des lois rétrogrades faites par des hommes qui étaient encore des monarchistes, et ils reviennent vigoureusement à la charge. Antoine Quatremère avait été chargé du rapport de leur pétition, et, ainsi qu'on va le voir, il ne leur faisait qu'une minime concession. Une note de ce document dit : « Aucun rapport n'a eu lieu dans l'Assemblée Législative, et aucun des opinans (ils étaient nombreux) n'a eu la parole. » Le motif de cette abstention générale nous échappe [1], car la raison donnée, un an

1. Romme qui lut, à la tribune, le projet de loi qu'on lira plus loin et qui fut adopté, le fit précéder de ces simples paroles : « Il s'est élevé des réclamations contre quelques dispositions des décrets du 13 janvier 1791 et du 19 juillet de la même année, sur les théâtres ; elles ont été renvoyées au Comité d'Instruction, et vous m'avez autorisé, dans le cas où il ne ferait pas son rapport, de vous présenter un projet de décret ; le voici : etc.»

après, par Lakanal : « L'Assemblée Législative (dans ces jours d'orage) ne pouvait donner une attention sérieuse à une question de ce genre » n'est elle-même pas sérieuse; il doit y en avoir une autre. La meilleure manière qu'avait l'Assemblée de prouver que d'autres questions l'absorbaient, c'était de ne pas s'occuper de celle-là et de laisser debout les lois de 1791. Toujours est-il que Quatremère, après le vote de la loi des 30-31 août 1792, publia son rapport, qui était écrit depuis plusieurs mois. Après avoir brièvement fait l'historique du débat, il défendait chaleureusement la cause des auteurs et reproduisait, sous une autre forme, toutes les raisons que ces derniers avaient données dans leurs publications. Seulement, pour enlever aux directeurs tout prétexte de plainte, il proposait de les laisser jouir gratuitement, jusqu'au 16 avril 1792, des pièces qu'ils avaient montées immédiatement avant la loi de janvier 1791, afin de leur permettre de rentrer dans leurs avances.

Mais, nous l'avons dit, un avis contraire avait prévalu dans l'Assemblée, et voici ce que la loi des 30-31 août 1792 avait décidé :

L'Assemblée Nationale, après avoir entendu le rapport sur des réclamations faites contre quelques dispositions des décrets des 13 janvier 1791 et 19 juillet suivant, sur les théâtres;

Considérant que ces réclamations sont fondées sur ce que ces décrets peuvent porter atteinte aux droits des différens spectacles, pour n'avoir pas assez distingué l'état passé de l'état à venir, ainsi que la position de Paris de celle du reste de la France, relativement à la jouissance des pièces de théâtre, en vertu des conventions ou réglemens, ou en vertu d'un long et paisible usage;

Considérant que le droit de faire imprimer, et le droit de faire représenter, qui appartient incontestablement aux auteurs des pièces dramatiques, n'ont pas été suffisamment distingués et garantis par loi;

Considérant enfin que les ouvrages dramatiques doivent être protégés par la loi de la même manière que toutes les autres productions de l'esprit, mais avec des modifications dictées par la nature du sujet; et voulant ôter toute cause de réclamation, décrète ce qui suit :

Art. 1er. Les pièces imprimées ou gravées mises en vente avant le décret du 13 janvier 1791, qui ont été jouées avant cette époque sur les théâtres autres que ceux de Paris, sans convention écrite des auteurs, et cependant sans aucune réclamation légalement constatée de leur part, pourront être jouées sur ces mêmes théâtres, sans aucune rétribution pour les auteurs.

Art. 2. Les conventions faites avant le décret du 13 janvier 1791, entre les auteurs et les directeurs de spectacles, seront exécutées.

Art. 3. Les règlemens et arrêts du Conseil qui avaient été faits pour les théâtres de Paris, ayant été abrogés par le décret du 13 janvier et ayant donné lieu, à cette époque, à divers traités entre les théâtres de Paris et les auteurs, ces traités seront suivis dans toute l'étendue de leurs dispositions ; en conséquence, nul autre théâtre de Paris que celui ou ceux auxquels l'auteur ou ses ayans-cause auront permis la représentation de ces pièces, ne pourra les jouer, sous les peines de la loi.

Art. 4. Pour prévenir toute réclamation à l'avenir, les auteurs seront tenus, en vendant leurs pièces aux imprimeurs ou aux graveurs, de stipuler formellement la réserve qu'ils entendront faire de leur droit de faire représenter les dites pièces.

Art. 5. Le traité portant ladite réserve sera déposé chez un notaire et imprimé à la tête de la pièce.

Art. 6. En conséquence de cette réserve, aucun spectacle ne pourra jouer lesdites pièces imprimées ou gravées qu'en vertu d'un consentement écrit et signé par l'auteur.

Art. 7. Les spectacles qui contreviendront au précédent article encourront la peine de la confiscation du produit total des représentations.

Art. 8. La réserve faite en vertu de l'art. 4 n'aura d'effet que pour dix ans; au bout de ce temps, toutes pièces imprimées et gravées seront librement jouées par tous les spectacles.

Art. 9. L'Assemblée Nationale n'entend rien préjuger sur les décrets ou réglemens de police qu'elle pourra donner dans le Code de l'Instruction publique, sous le rapport de l'influence des théâtres sur les mœurs et les beaux arts.

Art. 10. Elle déroge aux décrets antérieurs en tout ce qui n'est pas conforme au présent décret.

Cette absurde loi reconnaissait, à la vérité, comme les lois précédentes, le droit de propriété des auteurs, mais elle en légitimait, en principe, l'oubli et le restreignait pour l'avenir. L'Assemblée avait donné dans le piége tendu par les directeurs, elle avait admis le sophisme qui attribuait aux lois de 1791 un effet rétroactif. La réserve surtout de l'art. 4 est incroyable : comme si, pour la culpabilité du voleur, ainsi qu'on l'a remarqué, il est nécessaire que le propriétaire ait déclaré qu'il ne voulait pas être volé!

Par bonheur, cette loi détestable, qui ressuscitait un abus de l'ancien régime, vécut à peine un an. Un autre acte du Pouvoir législatif, des 19-24 juillet 1793, reconnut aux auteurs, leur vie durant, le droit exclusif de vendre, faire vendre et distribuer leurs ouvrages et d'en céder la propriété en tout ou en partie. Le même droit fut accordé aux héritiers ou cessionnaires de l'auteur, mais seulement pendant dix ans après la mort de ce dernier. Et, comme on cherchait encore à arguer des termes généraux de cette décision pour soutenir qu'elle ne s'appliquait pas aux auteurs dramatiques, la Convention, par un décret du 1er septembre 1793, déclara formellement le contraire.

Lakanal s'exprima comme il suit dans le rapport qu'il déposa, au nom du Comité d'Instruction publique :

Les comédiens envahissent impunément la propriété des auteurs dramatiques; ceux-ci réclament contre l'usurpation de leurs droits : tel est le débat que vous devez terminer.

Dans ces jours où l'Assemblée Constituante n'avait pas encore flétri sa vieillesse, elle proclama le principe des propriétés dramatiques; elle reconnut solemnellement qu'un ouvrage ne peut être représenté sur la scène sans le consentement formel de l'auteur, et que nul ne peut s'établir son légataire privatif sans l'aveu de ses héritiers ou cessionnaires.

Que cet abus se fût introduit et qu'il eût prévalu faute de moyens de résistance; que les entrepreneurs de spectacles eussent regardé leur usurpation comme un titre, par cela seul qu'elle n'avait jamais été troublée, on le conçoit aisément; mais croira-t-on qu'ils aient poussé la déraison jusqu'à soutenir en principe que l'acquisition d'un exemplaire d'une pièce théâtrale transmet à celui qui l'achète le droit d'en donner des représentations utiles pour lui seul, contre le gré de l'auteur, et sans l'associer au bénéfice?

Si, lorsque l'ouvrage sort des presses de l'imprimeur, le comédien pouvait se l'approprier, réciproquement l'imprimeur pourrait s'en saisir lorsqu'il sort de la bouche de l'acteur, et le mettre aussitôt en vente; ce qui répugne également aux usages, à vos décrets et surtout aux principes.

Au mois d'août de l'année dernière, dans ces jours d'orage où l'Assemblée Législative ne pouvait pas donner une attention sérieuse à une question de ce genre, elle rapporta les sages dispositions de la loi que Mirabeau et Chapelier avaient provoquée dans un temps où ils stipulaient encore pour le peuple et pour la liberté.

Le décret du Corps Législatif n'avait point été préparé dans les Comités, et le rapporteur Romme, éclairé lui-même par un examen ultérieur, a reconnu l'imperfection de cette loi, avec la bonne foi qu'on trouve chez ceux qui joignent les lumières à la droiture.

Eh! pourquoi, par une inégalité inadmissible, le bénéfice qui dérive originairement de la même source et qui se partage entre des canaux différens, appartiendrait-il exclusivement à l'acteur, tandis que l'imprimeur se soumet à un juste partage?

C'est avec toute la confiance qu'inspire votre justice et la légitimité de la cause que je défends, que je vous propose, au nom de votre Comité d'Instruction publique, le projet de décret suivant.

Conformément à ces conclusions, par décret du 1er septembre 1793 :

La Convention Nationale, voulant assurer aux auteurs dramatiques la propriété de leurs ouvrages, leur garantir les moyens d'en disposer avec une égale liberté par la voie de l'impression et par celle de la représentation, et faire cesser, à cet égard, entre les théâtres de Paris et ceux des départemens, une différence aussi abusive que contraire aux principes de l'égalité, décrète ce qui suit :

ART. 1er. La Convention Nationale rapporte le décret du 30 août 1792 relatif aux ouvrages dramatiques.

ART. 2. Les décrets des 13 janvier et 19 juillet 1791 et 19 juillet 1793 sont appliqués dans toutes leurs dispositions.

. . . . . . . . . . . . . . . . . . . . . . . . . . . .

C'est là le dernier incident de la lutte engagée par les directeurs de province contre les auteurs. La propriété littéraire n'a jamais été contestée depuis lors. A l'une des dernières lois dont nous venons de parler se rattachent deux publications que nous avons recherchées en vain et dont la première ne nous est connue que par le titre de la seconde : *Dernière réponse des auteurs dramatiques aux derniers écrits des entrepreneurs de spectacle des départemens, notamment à ceux qui ont pour titre : Observations sommaires et*

*Pétition présentée à la Convention Nationale* (s. d. in-4°). Il est peu probable que ces documents aient apporté dans le débat un nouve élément de discussion.

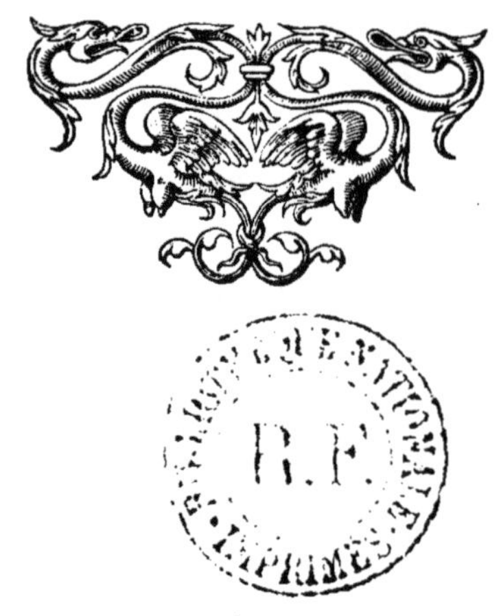

ACHEVÉ D'IMPRIMER

Sur les presses de EUGÈNE HEUTTE ET C^ie^,

Typographes

A SAINT-GERMAIN EN LAYE

*Le 12 novembre 1874*

Pour LÉON WILLEM, libraire,

*A PARIS.*

www.ingramcontent.com/pod-product-compliance
Ingram Content Group UK Ltd.
Pitfield, Milton Keynes, MK11 3LW, UK
UKHW021507260726
13993UKWH00004B/1593

9 782329 306421